BOU-MAZA

SCHERIFF DES OULED-YONNES

Prisonnier des Français

NOTICE BIOGRAPHIQUE ET INTERESSANTE,

PAR E. DE MARTINVAL,

ANCIEN SOUS-OFFICIER DE L'ARMÉE D'AFRIQUE.

SOMMAIRE.

Mohammel Ben Abdallah jésuite africain.—D'où lui vient le surnom de Bou-Maza (Père de la chèvre).—Le cheval de Bou-Maza.—Miracles.—La poétique légende.—Caractère de Bou-Maza 1845-1847. Excursions.—Tentatives, Victoires, Défaites. — Bou-Maza ennemi juré d'Abd-el-Kader.—Bou-Maza se remarie.—La fortune le trahit.—Entrevue de Bou Maza et du colonel St-Arnauld.—Parodie de la fameuse lettre de Napoléon au prince régent d'Angleterre.—Bou-Maza à Marseille—La musique des Milanollo.—Bou Maza à Paris.—Une visite chez M. Guizot.—Bou-Maza Parisien.

PRIX : 30 CENTIMES.

PARIS,

CHEZ TOUS LES LIBRAIRES.

—

1847

LE SCHERIFF

BOU-MAZA

PRISONNIER DES FRANÇAIS.

NOTICE BIOGRAPHIQUE.

PAR E. DE MARTINVAL,
ANCIEN SOUS-OFFICIER DE L'ARMÉE D'AFRIQUE.

PRIX : 30 CENTIMES.

PARIS

CHEZ TOUS LES LIBRAIRES.

1847

PARIS.—IMP. DE E. BAUTRUCHE,
RUE DE LA HARPE, 90.

« Un homme viendra après moi, a dit Mahomet ;

« Son nom sera semblable au mien ;

« Celui de son père ressemblera au nom de mon
« père,

« Et le nom de sa mère sera semblable à celui de la
mienne.

« Il pourra m'être comparé par son caractère, mais
non par les traits du visage ;

« Il remplira la terre de justice et d'équité. »

Certes, voilà une belle et bonne prédiction, voilà
une annonce de messie régénérateur, sur laquelle on
ne peut se tromper, et nous comprenons parfaitement
qu'elle ait tenté une foule d'imposteurs qui s'emparè-
du nom de Mahomet.

Entre tous, il en est un plus audacieux, plus habile, ou même plus convaincu, si vous voulez, que les autres.

C'est Mohammed-ben-Abdallah, surnommé Bou-Maza.

A son nom se rattache une partie de notre sanglante histoire d'Afrique, et les détails qu'on a recueillis sur la vie de ce singulier apôtre sont assez extraordinaire.

D'origine marocaine, Mohammed-ben-Abdallah Bou-Maza vint, enfant, s'établir au Dahara, et ce fut parmi les Ouled-Yonnès qu'il choisit une épouse. Et d'abord il se mit à parcourir le pays et toutes les tribus environnantes, en se proclamant hautement l'envoyé de Dieu, le sauveur promis par Mahomet, enfin le *Mouleï-Sáa* lui-même, espèce de Christ bâtard jeté sur la terre d'Afrique pour y planter le Labarum de la liberté religieuse et y agiter le flambeau de la révolution. Le *Mouleï-Sda* (Maître de l'heure) est parmi les Arabes le renversement promis de tout ordre de choses existantes.

Bientôt Mohammed-ben-Abdallah eut ses partisans, — et ils furent nombreux.

Les Kabyles, ignorants et fanatiques à l'excès, se levèrent en masse à sa voix pour aller en guerre sainte. Le nouveau chef était brave; dès les premiers temps il fit des prodiges de valeur, et lui-même avait soin de vanter son courage et sa force.

« C'est à Mohammed-ben-Abdallah, c'est au fils de Dieu, c'est au *Moulei-Sáa* qu'il faut obéir ;

Car je suis le maître, le maître suprême, entendez-vous bien ?

Je suis celui qu'Allah a choisi pour vous délivrer des Chrétiens ;

Car avec moi vous remporterez toujours la victoire, et je les chasserai de ces montagnes, et je les tuerai comme je tue une bête féroce.

Dieu est grand ! Dieu est grand, et Mohammed est son représentant.

Combattez vaillamment, Dieu est grand !

Combattez vaillamment, Dieu est grand !

Ces sauvages proclamations, ce langage énergique inspiraient pour ainsi dire Mohammed ; car à peine avait-il apostrophé ainsi ses compagnons, qu'il poussait un cri aigu, dégainait son cimeterre, et s'élançait à la tête de ses troupes dans les défilés les plus étroits, avec une hardiesse et une ardeur incroyables.

Dans le pays des contes, des merveilles et des miracles, il faut bien s'attendre à voir Mohammed-ben-

Abdallah, le héros d'un de ces contes, d'une de ces merveilles, d'un de ces miracles.

Il suffira de raconter la fable qui lui donna le nom de Bou-Maza.

Bou-Maza signifie le père de la chèvre. Selon la version arabe, Mohammed rencontra un jour, en traversant le désert, une chèvre exténuée de fatigue et mourante de soif ; il la prit avec lui, et l'emmena dans sa retraite. Depuis ce temps, la chèvre l'avait suivi et avait fourni une quantité de lait suffisante pour nourrir tous ceux qui combattaient avec lui.

Cette histoire, qui n'a pas même le mérite de l'originalité, puisqu'elle est consignée dans deux ou trois poètes orientaux, se raconte de l'air le plus sérieux du monde, et nous ne doutons pas que la chèvre de Bou-Maza trouve un jour son Homère, ou tout au moins son petit Virgile aux dents longues et blanches, aux jambes nues et en burnous de cachemire, qui la chante en arabe, voire même en turc et en persan — et sur tous les modes — s'il a reçu quelque peu d'instruction.

Quand on raconte de pareilles choses, on ne saurait trop en raconter.

Donc, il faut, bon gré, malgré, qu'on nous pardonne

encore le récit suivant. Il est d'une authenticité incontestable :

Le coursier de Bou-Maza volait, volait, rapide comme le vent; et dévorait impatiemment l'espace précédant une troupe de cavaliers.

Tout à coup les chevaux s'arrêtèrent d'un seul mouvement,

Et le coursier de Bou-Maza volait, volait rapide comme le vent, et dévorait impatiemment l'espace.

En vain les compagnons du *Mouleï-Sáa* lui crièrent de s'arrêter.

Et le coursier de Bou-Maza volait, volait, rapide comme le vent, et dévorait impatiemment l'espace.

Puis les cavaliers ne virent plus Bou-Maza.

Pendant ce temps, le coursier de Bou-Maza volait, volait rapide comme le vent, et dévorait impatiemment l'espace.

Longtemps ils attendirent, puis ils prièrent. Dieu avait-il rappelé à lui son fils ?

Et le coursier de Bou-Maza volait, volait rapide comme le vent, et dévorait impatiemment l'espace.

Le coursier de Bou-Maza volait, volait rapide, mais il emportait son maître vers la tente que les compagnons de guerre avait posée.

Et quand Bou-Maza fut de retour , il raconta alors que, surpris par des ennemis, il s'était battu seul.

Pendant que son coursier volait, volait rapide comme le vent :

Il raconta encore qu'un émir d'une tribu lointaine, était venu à lui.

Alors son coursier, ne volait plus rapide, rapide,

Car son coursier s'arrêta :

Et Bou-Maza combattit avec l'émir.

L'émir tira son cimeterre,

Pendant que le coursier jetait des torrents de flamme par les naseaux.

L'émir voulut frapper Bou-Maza ;

Mais le coursier vola si rapide, si rapide,

Que l'acier du cimeterre fit seulement un éclair dans les airs.

Alors l'émir, d'un coup de carabine, voulut tuer Bou-Maza. Il l'ajusta :

Mais le coursier se baissa, souple et flexible, et la balle meurtrière jeta un sifflet de rage dans les airs.

Alors le coursier continua à voler plus rapide, plus rapide, jusqu'à ce que Bou-Maza fût au milieu de ses frères. »

Cette narration poétique et colorée, persuadait complétement que Bou-Maza était invulnérable aux balles et aux armes blanches.

Ce que c'est que d'avoir un bon cheval!

Nous avons mentionné un conte, nous avons mentionné une merveille. Place maintenant au miracle.

Il paraît que, non content d'épargner à son cavalier les estafilades et de le soustraire aux balles dirigées d'une main ferme, le cheval de Bou-Maza possédait encore un talent remarquable : il devenait une arme à feu à volonté. A peine Bou-Maza était-il obligé de fuir devant les Chrétiens, que chaque crin de la queue du quasi-Pégase se transformait en un fusil à deux et trois coups (pardieu), qui tirait à cœur-joie, et en cette fâcheuse occurrence, assistait vaillamment Bou-Maza.

Nous ignorons si Bou-Maza amène son cheval avec lui. Nous le voudrions ; M. Rotschild serait vexé.

Quoi qu'il en soit, on ne peut nier la supériorité de Bou-Maza : c'est incontestablement un esprit élevé qui marche droit au but sans s'occuper des obstacles qui lui barrent le chemin.

C'est dommage que Bou-Maza ne soit pas français.

Avant tout, Bou-Maza est guerrier ; il aime le scintillement du fer, l'odeur de la poudre, le bruit du canon, le piaffement des chevaux, le murmure du tambour

les glapissements de la trompette, le désordre de la mê-
lée, les houras des assaillants, les cris des vaincus, la
joie de ceux qui tuent, la plainte de ceux qui sont tués.

1845-47 suivez-le dans ses excursions, assistez à ses
batailles, examinez ses tentatives, et vous reconnaîtrez
que Bou-Maza est un dangereux ennemi. Malheur à qui
ne vient pas au-devant de lui.

Chez les Ouled-Yonnes, il acquiert une influence im-
mense ; il s'impose en conquérant. C'est Attila, c'est
César, c'est presque Napoléon, — moins la logique, la
raison et l'idée. Autour de lui viennent se grouper les
Chewfas, les Achachas.

Tous les montagnards se réunissent pour belligérer
avec Bou-Maza. Il assassine notre kaïd Belkassem, ras-
semble à grand'peine cinq cents cavaliers mal équipés, arrive devant Orleansville, qu'il menace insolemment, et
cherche à porter l'incendie dans la smala des spahis. Il
est repoussé jusqu'à l'Oued Aroussi ; battu près d'Aïn-
Méran sur le Dzebel Kremença, par le colonel Saint-
Arnaud, Bou-Maza se jette dans l'Ouarensenis. Partout
il prêche la *guerre sainte*, partout il s'attire des alliés.
A Akrila, une défaite ; chez les M'talassas, une victoire,
un carnage, un meurtre. A qui livrera Bou-Maza, une
récompense de mille douros est offerte ; que font mille

douros à ceux qui servent le *Mouleï Sáa !* Le fanatisme l'emporte sur cupidité.

Tout à l'heure il fuyait, tout à coup il reparaît plus
fort, plus triomphant que jamais, à la téte des Ouled-
Defelten et des Ouled-Ali.

Cependant à tout prix il faut arréter ses efforts ; une
expédition sortie des trois places de Tenez, d'Orléansville et de Mostaganem , est dirigée contre Bou-Maza.
Il voit tomber son frère à ses côtés, il voit tomber plusieurs de ses cavaliers, et s'enfuit. M. d'Allonville le
surprend vainement dans sa retraite. Bou-Maza laisse
prendre sa belle-mère, abandonne ses femmes (il avait
bien raison) ses négresses, ses domestiques, et gagne
avec trente hommes un pic inconnu.

L'enthousiasme était à son comble. Bou-Maza en
profita habilement. Le 10 novembre 1845, on le trouve
chez les Maïns après une attaque inutile contre le
vieux Teniès. Ici les revers commencent à se mêler aux
victoires. Okhouâm, un de ses frères, est arrété chez les
Beni-Zougzougs. Okhouâm passe devant un conseil de
guerre à Alger, et nous dévoile une partie des projets
des révoltés avant de livrer sa tête au bourreau.

Deux mois après, encore une escarmouche ; escarmouche fatale à Bou-Maza, car une balle l'atteignit et lui fra-

cassa le bras. Malgré les souffrances inouies qu'il dut éprouver (on rapporte que l'articulation du bras était brisée), il parvint à rejoindre Ab-del-Kader dans le Sahara.

Le Moulei-Saa (maître de la destinée de l'heure) vint au Mouleï-Dráa (maître du bras).

Mais il était impossible que l'homme de la force brutale et l'inspiré d'Allah s'entendissent longtemps. Une fois déjà dans une espèce de sauve-qui-peut général, Abd-el-Kader avait refusé un cheval à Bou-Maza. Ce qui voulait dire : « Qu'ai-je besoin de ton alliance ? retire-toi avec les tiens, et laisse-moi agir à ma guise. » Bou-Maza, qui croyait peut-être ne pouvoir se passer d'Abd-el-Kader, avait continué à le suivre malgré cet affront ; mais Abd-el-Kader, qui n'était pas homme à supporter un démenti, maria bel et bien, quand ils furent arrivés à la Déirah, la femme de Bou-Maza avec son commandant de cavalerie. Cette fois, Bou-Maza comprit et gagna nuitamment Boüy-Semroun avec trente cavaliers.

Bou-Maza est infatigable. En apprenant qu'une colonne est sortie de Bogar pour s'opposer à ses menées, il court demander appui et protection aux Ouled Arkat et aux Ouled Zekri ; une fois encore il succombe.

Furieux et surtout *inspiré*, voulant, quoi qu'il arrive et malgré les souvenirs de ses récentes défaites, accomplir la mission qu'il se croit imposée, Bou-Maza essaye de se rendre à Tunis. Il écoute en chemin les remontrances d'un marabout et se rend chez les Ouled Sassi. Cette nature ardente a besoin d'une compagne qui partage ses luttes, ses victoires, ses joies et ses peines. Devenu veuf de par Abd-el-Kader, Bou-Maza épouse la fille d'Ali-ben-Haionale. Aussitôt marié, il recommence sa vie aventureuse et pille des caravanes ; mais il est traqué vigoureusement. Il ne reste qu'un parti à Bou-Maza : regagner le théâtre de ses premiers exploits ; là, du moins, il est sûr de lui ; le Mouléi-Sâa n'aura qu'à parler, et à sa voix les cavaliers monteront en selle ; Bou-Maza n'a qu'à faire un geste, et à son signal la bataille recommencera terrible et sans grâce ni merci.

Mais, à partir de ce moment, la fatalité semble se mêler du sort de Bou-Maza.

Là où il devait réparer tous ses échecs, s'arrête sa carrière. Une tribu l'avait recueilli, cette tribu eut peur des Français ; le chériff reçut l'ordre de quitter le pays, et on lui accorda une escorte de quarante cavaliers pour le conduire jusqu'à Taguin.

Enfin, le 11 mars 1847 le kaïd des Ouled Bessam,

Cheragas vint trouver le chef du bureau arabe de Te-
niet-el-Haad , le lieutenant Marguerite. Bientôt après,
il fut rejoint par des cavaliers; tout effrayés , pâles et
tremblants , ils racontèrent que Bou-Maza venait de
passer près de ses douairs et l'avait menacé de mort.
Le lieutenant Marguerite n'avait avec lui que douze
spahis et dix sept mekrazenis; l'expédition était bien
un peu risquée, car on devait supposer que Bou-Maza
était à la tête d'un certain nombre de cavaliers. Ce ne
fut qu'au bout d'une course de trois heures et au grand
galop qu'on parvint à rejoindre Bou-Maza chez les
Beni Lassem, à El-Dabta.

Dans cette occasion, la position du lieutenant Marguerite était difficile ; seul Français en présence d'A-
rabes alliés et ennemis, il comprit, à la vue de Bou-
Maza, que le fanatisme pour le Mouleï Sâa s'était subitement ranimé. Les cavaliers, terrifiés, stupéfiés, n'o-
saient plus avancer. Le lieutenant Marguerite entraîna
quatre des krielas de Bou-Maza, parmi lesquels son
chaouch (espèce de messager) tomba bientôt. Les autres
cavaliers , acculés à un ravin, quittèrent leurs chevaux
et se précipitèrent dans l'épaisseur d'un bois voisin.

Bou-Maza soutint l'assaut et se défendit comme un
lion , puis bientôt il disparut dans le bois. Et il exé-

cuta cette manœuvre avec une célérité telle qu'on ramassa son burnous, le poitrail de sa selle, ses sandales perdues dans la course, des étoffes et environ 1200 fr. de numéraire ; on retrouva même dans son bagage l'état de ses dépenses et la liste des kabyles et des chefs du Dahara auxquels il avait distribué des armes et des chevaux. Pendant une heure et demie le lieutenant Marguerite fit fouiller le bois.

Peine inutile !

Evidemment Bou-Maza était perdu sans retour. Le chériff résolut d'en finir avec cette existence trop incertaine, et prit le parti de se livrer aux Français. Peut-être ne faut-il voir dans cette soumission si inattendue qu'une pensée vague de paralyser les efforts d'Abd-el-Kader, en laissant aux Français la faculté de concentrer toutes leurs forces pour combattre l'Émir.

Donc Bou-Maza, de lui-même se constitua prisonnier — dignement, noblement. Voici dans quelles circonstances :

En quittant le pays des Ouled-Yonnes, M. le colonel de Saint-Arnauld avait laissé près du kaïd quatre cavaliers chargés de recueillir l'amende imposée à la tribu.

Quelques jours après, ces hommes étaient réunis pour s'occuper de leur mission, lorsque paraît à l'entrée de la tente un cavalier.

Ce cavalier met pied à terre.

Ce cavalier est Bou-Maza !

Déjà le Moulei-Sâa a perdu une grande partie de son prestige aux yeux de ses alliés ; car le kaïd s'écrie : Bou-Maza, notre maître et seigneur, au nom d'Allah, dont tu te dis être le fils, retire-toi !

Retire-toi de ma tente,

Car, par Mahomet, ton prophète et le mien, le malheur entrerait avec toi dans ma tente.

Retire-toi, Mohammed-ben-Abdallah ; car déjà tu as apporté le deuil avec toi.

Mohammed, j'ai combattu avec toi, et nous avons été soumis.

Que la volonté d'Allah s'accomplisse.

Retire-toi de ma tente ; car, à cause de toi, le malheur, cet hôte qu'on ne peut éviter, est venu loger dans ma tente.

Mohammed-ben-Abdallah, retire-toi, retire-toi. »

Les quatre meckrezenis ne partagent point la douceur et la modération du kaïd ; car déjà ils profèrent des paroles de menace, mais d'une voix craintive et mal assurée.

«Faites silence, répond solennellement le chériff. Il ne s'agit pas de guerre en ce moment. Je veux bien vous accorder l'aman (pardon); venez avec moi chez le colonel d'Orléansville. »

Déjà un cavalier avait pris les devants pour avertir le colonel. Bou-Maza marcha d'un pas tranquille et lent vers M. de Saint-Arnauld et l'aborda en ces termes :

« Français, c'est contre toi que j'ai le plus souvent conduit mes cavaliers.

« Je t'ai vu dans la bataille, et j'ai compris tout de suite que tu étais courageux.

« J'ai résolu de me rendre.

Mais je n'aurais pas voulu me remettre à la discré-tion d'un autre que toi.

« Français, je me rends à toi. »

Bou-Maza ne se doutait pas, sans doute, qu'il paro-diait cette fameuse lettre de Napoléon au prince ré-gent d'Angleterre.

La prise de Bou-Maza est d'un excellent augure pour la conquête de l'Algérie. Par lui, diminue beau-coup l'influence des frères de Moulei-Taïèb, cette association si puissante, cette espèce de jésuitisme, cette secte si multiple, qui a versé de nombreux émissaires sur l'Algérie et dont un des plus fervents était Bou-Maza.

C'est le capitaine Richard, chef du bureau d'Orléansville qui a été chargé de conduire Bou-Maza jusqu'à Paris.

Le 19 avril, Bou-Maza arriva à Alger. Pendant toute la route il avait reçu des témoignages de respect et de dévouement. Les Arabes, bien qu'ils le vissent en notre pouvoir, accouraient de très loin pour contempler une dernière fois le Moulei-Saa. Quelques-uns mêmes s'agenouillaient devant lui et lui baisaient les pieds.

A bord du *Caméléon* Bou-Maza fut convenablement traité et s'est montré reconnaissant.

A Marseille, un avis émanant du ministre est transmis au capitaine Richard; il a été décidé que Bou-Maza ne viendrait point à Paris.

Oh ! alors le lion se déchaîne. Il lève les mains au ciel comme pour implorer Abdallah, et s'écrie :

Je voudrais aller à Paris, parce que j'ai entendu raconter des miracles.

Paris est la mosquée de la France.

Je voudrais aller à Paris, parce que la prison me serait plus douce.

Tandis que si vous m'enfermez entre quatre murs,

Je pleurerai mes bois, mes montagnes, mes amis.

Oh ! laissez-moi voir Paris ; car je mourrais,

Et vous m'auriez tué.

Et là-bas dans nos montagnes on vous maudirait.

Car Bou-Maza sera toujours, quoi que vous disiez,
quoi que vous fassiez, le Mouleï-Sàa, le fils de Dieu.

Allah m'a dit de me rendre à vous, mais sa voix m'a
dit aussi d'avoir confiance en votre loyauté. »

Bientôt il oublia qu'il était en notre pouvoir, il oublia son impuissance et se confondit en furibondes im-
précations.

.....Des sons harmonieux frappent ses oreilles, une
musique douce et rêveuse le plonge dans une extase in-
définissable. Son regard devient moins fauve. Nouveau
Saül, il s'attendrit en écoutant ces accents enchanteurs.
Sa colère se change en une résignation. Il sent naître
en lui des idées inconnues. Bou-Maza n'est plus. Le
lion a fait peau neuve. En ce moment il est heureux et
se complaît dans son bonheur. Il se plonge dans les
flots de mélodie et ne relève la tête que pour respirer

et ne point perdre haleine ; il est triste, il est gai. C'est l'archet des petites Milanollo qui lui rend la vie, le bien-être et le calme.

Aux diables bleus qui viendront lutiner Bou-Maza, opposons la musique et Bou-Maza sera guéri.

Pourvu qu'au milieu d'une plaintive romance le pauvre déchu n'entende pas subitement la détonation d'un fusil, pourvu que le hennissement d'un cheval ne vienne point détruire tout l'effet d'une cavatine.

Oh ! alors, la musique serait impuissante, et Bou-Maza redeviendrait, ne fût-ce que pour quelques minutes, le roi des déserts et des montagnes.

Les déserts et les montagnes se trouveraient réunis, il est vrai, dans un salon de vingt pieds carrés, et Bou-Maza serait réduit à équiter sur un fauteuil à la Voltaire.

De tout ce bavardage, il résulte bien clairement toutefois que Bou-Maza est un dilettante pur sang.

Cette nouvelle a causé le plus vif plaisir à M. Berlioz, qui nous fait savoir immédiatement qu'il va composer une symphonie bédouine intitulée: *Bou-Maza et Abd-el-Kader*. On parle déjà d'un accompagnement de fusillade, de hurlements et de piaffements de chevaux qui doit faire le plus grand effet.

Bou-Maza est âgé de 25 ans environ. Sa physionomie est empreinte d'une teinte de mélancolie et de tristesse qui ne contraste pas assez avec un regard faux et terne. Il porte le costume national, seulement il a remplacé ses sandales par des bottes à revers.

C'est le 5 mai que Bou-Maza est arrivé à Paris par la malle-poste de Saint-Étienne.

Il est descendu à l'hôtel de M. de **, rue François Ier, aux Champs-Élysées.

Le lendemain, le schériff est allé rendre visite à M. Guizot, ministre des affaires étrangères.

Bou-Maza était accompagné seulement d'un interprète et dans une modeste voiture de remise.

L'annonce de l'arrivée de Bou-Maza avait produit, comme bien on pense, une grande sensation dans les bureaux. Deux heures avant que notre *hôte malgré lui* n'approchât de l'hôtel des Capucines, les plumes avaient cessé de taquiner le papier. Les diplomates en herbe allaient et venaient, couraient, revenaient, puis sortaient un à un de peur que le chef de division ne grondât. Mais le chef les avait imités, et tout le monde se trouvait réuni au moment où Bou-Maza touchait le seuil de l'hôtel.

Il passa sans courber la tête sous les Fourches Caudines de la curiosité.

C'est là que nous l'avons vu.

Bou-Maza ne semblait nullement préoccupé de l'attention qu'il attirait si généralement.

Seulement il jeta un regard perçant sur un jeune homme placé dans un des angles de la cour. Ce jeune homme tenait un crayon d'une main, et de l'autre un petit carton.

Bou-Maza comprit aussitôt qu'on traçait son portrait.

Il sourit un peu dédaigneusement et marcha plus lentement!!

Sans aucun doute, Bou-Maza sera le lion, dans l'acception que nous donnons à ce mot, de la saison.

On parle déjà, à moins d'empêchements majeurs, d'inviter Bou-Maza dans plusieurs salons ; nous avons même reçu une lettre d'un de nos amis — savant parachevé — et fort instruit sur toutes les choses arabes. Ce cher ami nous invite à fumer chez lui le narghilé de d'amitié (il revient de Smyrne), et ajoute en manière de *post scriptum : Bou-Maza viendra !*

Et vrai Dieu ! nous irons, parce que ce sera une belle chose d'entendre raconter à Bou-Maza une de ces campagnes qu'il doit raconter si bien.

S......... ne jouira pas seul de ce privilége, car tout le monde voudra l'avoir. Bou-Maza verra tout : la chambre des pairs et Mabille, la chambre des députés et le Château-Rouge, l'Académie et la Grande-Chaumière ; il verra la Madeleine, il verra la Bourse, il jouera au lansquenet, il aura sa Lolla Montès, toute joyeuse, toute sautillante, toute parée, il fera courir, il courra peut-être lui-même, etc., etc., etc., en un mot le Mouleï-Saa passera à l'état de badaud.

Tout le monde voudra connaître ce héros sauvage, cet étrange apôtre. La civilisation française étonnera Bou-Maza, il connaîtra nos grandes et nos petites choses. Nous détestions Bou-Maza, notre ennemi ; nous aimerons Bou-Maza notre prisonnier. Maintenant qu'il ne peut nous être hostile, maintenant que son cimeterre repose pacifique dans le fourreau, déplorons son erreur et admirons son courage, son audace.

Mai 1847.

FIN.

Imp. de E. Bautruche, r. de la Harpe, 90.

www.ingramcontent.com/pod-product-compliance
Lightning Source LLC
Chambersburg PA
CBHW061703050726
47598CB00004B/1654